AF498276

LA CHAMPMESLÉ,

COMÉDIE ANECDOTIQUE, EN DEUX ACTES ET MÉLÉE DE CHANT,

Par MM. Ancelot et Paul Duport,

MUSIQUE NOUVELLE DE M. DE FLOTTEAUX,

Représentée pour la première fois sur le théâtre du Vaudeville, le 11 février 1837.

PERSONNAGES.	ACTEURS.	PERSONNAGES.	ACTEURS.
DESMARES, premier président du parlement de Rouen.	M. FONTENAY.	LA CHAMPMESLÉ, actrice de l'hôtel de Bourgogne, passant pour la nièce de Champmeslé.	Mme ALBERT.
GASTON, MARQUIS DE GENE-VRAY, son petit-fils.	M. BRINDEAU.	FLIPOTE, femme de charge du président Desmares	Mme GUILLEMIN.
CHAMPMESLÉ, acteur de l'hôtel de Bourgogne.	M. BARDOU.	UN DOMESTIQUE.	M. LOUIS.

La scène est à Paris, chez la Champmeslé, en 1672.

AVIS POUR LA PROVINCE. Tout ce qui est marqué par des guillemets peut être passé à la représentation.

ACTE PREMIER.

Le théâtre représente un salon, porte au fond, porte à gauche de l'acteur et du même côté une fenêtre. A droite, au premier plan, un cabinet dont la fenêtre ouvre sur la salle et dont la porte ouvre sur le théâtre. Une élégante toilette à gauche.

SCÈNE PREMIÈRE *.

GASTON.

Elle n'est pas encore revenue de la répétition de *Mithridate*. Racine la re-

* Les personnages sont placés en tête de chaque scène comme ils doivent l'être au théâtre; le premier occupe la droite de l'acteur.

tient bien long-temps. Ah!... pourquoi ne suis-je qu'un marquis! Sont-ils heu-reux, ces poètes! ils ont tant de privi-léges! J'en suis jaloux... comme si j'avais déjà le droit de l'être!... « (*S'approchant de* » *la toilette, et y trouvant un écrit.*) Que » vois-je là, sur sa toilette? Des vers! tou-» jours des vers!.. à son nom!.. et parlant

» d'amour... une déclaration !.. Qui donc
» s'est permis ?.. Signé La Fontaine !.. Oh!
» celui-là , on peut lui pardonner... il ne
» sait ce qu'il fait. »

(*Lisant.*)

« Qui ne connaît l'inimitable actrice,
» Représentant Roxane ou Bérénice ,
» Camille en pleurs ou Chimène en fureur ?
» Est-il quelqu'un que votre voix n'enchante ?
» S'en trouve-t-il une autre aussi touchante ,
» Une autre enfin allant si droit au cœur ?
» De mes Philis vous seriez la première,
» Vous auriez eu mon ame tout entière ,
» Si de mes vœux j'eusse plus présumé ;
» Mais en aimant qui ne veut être aimé ? »

(*Laissant retomber l'écrit sur la toilette.*)
» Aimé... oh! je le serai... j'en ai l'espoir...
» comment pourrais-je vivre sans elle?..»
Quoi qu'il en soit, il faut qu'elle se prononce, que je connaisse enfin ses sentimens et mon sort... l'arrivée de mon
aïeul... le mariage de convenance dont il
me menace, ne me permettent plus d'attendre... Oh ! pour toi, Champmeslé, tous
les sacrifices... pourvu que tu m'aimes.

Allons, un parti décisif !.. et puisqu'elle
m'impose toujours par sa présence, par
sa dignité naturelle... eh bien !.. ce gage
de ma tendresse... (*Plaçant un écrin dans
sa toilette.*) ici, dans sa toilette... qu'elle
le trouve à son retour... il sera plus élo-
quent et plus hardi que moi...

DESMARES, *avant de paraître, au fond.*
Puisqu'elle est absente, qu'on me fasse
parler au sieur Champmeslé, son oncle.

GASTON. Qu'entends-je?.. cette voix...
mais, non , non, je me trompe... quelle
apparence qu'un premier président...

SCENE II.
GASTON, DESMARES.

DESMARES, *entrant , à la cantonnade.*
C'est bon ! j'attendrai.

GASTON.
AIR *de Turenne.*

O ciel ! c'est bien lui ! comment faire ?
DESMARES, *entrant et l'apercevant.*
Que vois-je ? il est donc vrai, Gaston ?
Vous !..
GASTON.
Monsieur !..
DESMARES.
Puis-je sans colère
Vous trouver dans cette maison ?
Vous, mon petit-fils !..
GASTON.
Ah ! pardon !
Je suis surpris de la rigueur extrême
Dont à vos yeux ce séjour est l'objet ;
Car, pour m'y trouver, il fallait
Que mon grand-père y vînt lui-même.

DESMARES. Oui, monsieur, et vous
devriez rougir de m'y avoir forcé !

GASTON. Moi !

DESMARES. Pensez-vous que j'aurais
quitté en toute hâte le parlement de Rouen
que je préside , sans des motifs d'une gra-
vité...

GASTON , *à part.* Aye!.. aye!.. quelque
rapport contre moi?..

DESMARES. Si je me suis tu, hier, en
arrivant à Paris , c'est que je voulais dou-
ter encore... mais, maintenant, vous m'entendrez...

GASTON, *faisant un mouvement affecté
pour sortir.* Partout où vous voudrez, monsieur , je suis prêt à vous suivre.

DESMARES. Pour m'emmener hors d'ici,
n'est-ce pas? Non , non, restez..... ceci
n'est point un jeu... Vous ne connaissez
pas encore l'inflexibilité de mon caractère...
Demandez à cette vieille gouvernante qui
vous a élevé, et que j'ai amenée à Paris
avec moi ; demandez-lui ce qui s'est passé
dans ma famille avant votre naissance...
Votre mère n'a pas été mon unique enfant...
j'avais un fils...

GASTON. Il se pourrait!.. et pourquoi
ne m'en a-t-on jamais parlé ?

DESMARES. Pourquoi?.. c'est qu'il est
mort, chassé de ma maison, renié, déshérité par moi...

GASTON. O ciel! et quel était son crime ?

DESMARES. Une folle passion, une més-
alliance ! Et dès lors, tout fut dit... je
n'avais plus de fils...

GASTON. Ah! la noblesse de robe est
donc bien rigide !.. il est heureux pour
moi d'appartenir par mon père à celle de
l'épée.

DESMARES. Je vous entends... mais ,
n'oubliez pas, tout marquis que vous
êtes, que vous dépendez encore de ma tu-
telle, et que j'ai le droit de vous demander
pourquoi je vous trouve ici? Mon vieil
ami, M. de Harlay, avait accueilli naguère
la demande que je lui avais faite pour vous
de sa fille : d'où vient donc que, dans ses
lettres, il a semblé tout-à-coup se refroidir
depuis un mois?

GASTON. Monsieur...

DESMARES. Pourquoi, hier, à mes
questions sur la cause de ce soudain chan-
gement, a-t-il répondu en se plaignant de
votre assiduité équivoque auprès de la
Champmeslé? Je venais pour m'en informer, monsieur, et personne ne peut m'in-
struire mieux que vous. Est-il vrai que,
depuis un mois, vous soyez, puisqu'il faut
dire le mot, l'amant de cette femme ?

GASTON , *à part.* Ah ! s'il ne s'agit que

du passé?.. (*Haut.*) Sans hésiter, non!..

DESMARES. Il suffit. Suivez-moi... Je retourne chez M. de Harlay, calmer ses inquiétudes pour le présent... et quant à l'avenir, j'aurai le temps de prendre mes mesures...

GASTON, *à part.* Et moi, les miennes... me voilà sauvé.

(Au moment où ils vont sortir par le fond, la porte s'ouvre, et Champmeslé entre.)

SCENE III.

GASTON, CHAMPMESLÉ, DESMARES.

CHAMPMESLÉ. Par la sambleu!.. il y a de bonne heure compagnie chez ma nièce.

GASTON, *à part.* Champmeslé! quel contre-temps!

CHAMPMESLÉ, *à Gaston.* Monsieur le marquis, votre très-humble... (*Se tournant vers Desmares.*) Quant à monsieur, c'est sans doute lui qui m'a fait demander, et je... (*L'examinant.*) Ah! ça... mais... je ne me trompe pas... se peut-il? M. le président Desmares!

DESMARES. Vous me connaissez...

CHAMPMESLÉ. Je crois bien... du temps que j'étais à Rouen, où je tenais l'emploi des rôles à manteau... (*faisant un salut goguenard*) y compris les présidens.

DESMARES. Assez, mon cher, brisons-là...

CHAMPMESLÉ. Ce n'est cependant pas pour rien que vous m'avez fait appeler... mais je devine... le décorum de la magistrature... la présence d'un jeune homme vous embarrasse... Oh! soyez tranquille... si vous connaissiez M. le marquis de Genevray... il est comme de la maison... presque un des nôtres... toujours planté sur les bancs du théâtre...

GASTON. Toujours!.. quelle exagération!..

CHAMPMESLÉ. Au fait... oui, il faut être juste... dès que ma nièce n'est plus en scène, vous rentrez dans la coulisse, pour être le premier à lui offrir son mouchoir, son flacon d'eau de senteur...

DESMARES, *observant Gaston.* Ah! ah!

GASTON, *affectant un air dégagé.* Peut-être, par hasard...

CHAMPMESLÉ. Oui... de ces hasards qui se renouvellent cinq ou six fois dans la soirée...

GASTON. Allons donc...

CHAMPMESLÉ. C'est peut-être aussi par hasard, qu'avant-hier, dans un entr'acte,

vous êtes resté un quart-d'heure à lui débiter je ne sais quoi, en lui tenant la main, avec un regard tendre et d'une voix langoureuse, ni plus ni moins que l'Artamène ou le Brutus de Mlle de Scudéry.

GASTON. Qui vous a dit...

CHAMPMESLÉ. Parbleu!.. j'étais là... je voyais tout, adossé à un décor. Franchement, avec ces conversations-là, vous finirez par compromettre sa réputation...

GASTON. Champmeslé!..

CHAMPMESLÉ. Certainement, en lui faisant manquer ses entrées... car, lorsque vous l'avez enfin quittée, elle ne savait plus où elle en était... elle avait un air de trouble... de préoccupation...

GASTON, *s'oubliant, avec joie.* Qu'entends-je?.. vous croyez...

CHAMPMESLÉ. Hein?..

DESMARES, *qui a observé Gaston, à part.* Il me trompait!..

CHAMPMESLÉ. Pardon, monsieur le président!.. je m'occupe là de ma nièce sans songer que c'est un sujet qui n'a aucun intérêt pour vous.

DESMARES, *avec intention, regardant Gaston.* Si fait... plus que vous ne pensez!

CHAMPMESLÉ. Je vous remercie bien pour elle.... Revenons à l'objet de votre visite...

DESMARES. Maintenant à peu près inutile... il s'agissait de quelques informations dont j'avais besoin...

CHAMPMESLÉ. Eh bien!.. me voilà tout prêt à vous rendre service...

DESMARES. Et vous y avez déjà réussi, en me mettant au fait des rapports familiers de M. le marquis avec... avec votre théâtre...

AIR : *Vous disiez vrai, mademoiselle.* (Pensionnaire mariée.)

Quant au reste, il est nécessaire
Que j'en cause seul avec lui.
GASTON, à part.
Ah diable !..
DESMARES.
Il me suivra, j'espère,
A mon carrosse !..
GASTON.
J'obéi !..
(*A part.*)
C'est pour quelque mercuriale !
Mais, Champmeslé, si j'ai ta foi.
Qu'il me fasse de la morale,
Et je l'oublirai près de toi !

ENSEMBLE.

DESMARES, à Gaston.
Avec vous il faut que je cause :
En bas mon carrosse m'attend ;
Et vous voudrez bien, je suppose,
Monsieur, m'y conduire à l'instant.
GASTON, à part.
Point de bruit, d'éclat, et pour cause !

Avec lui sortons prudemment :
L'amour me paîra, je suppose,
L'ennui du sermon qui m'attend.

CHAMPMESLÉ, *à part.*

Quelle énigme ! chez nous, sans cause,
Faire visite ! un président !..
Et puis s'en aller bouche close !..
Oh ! le singulier dénoûment !

(*Desmares et Gaston sortent.*)

SCENE IV.

CHAMPMESLÉ, *seul.*

Je l'ai deviné, le galant damoiseau... du coin de l'œil, je le vois bien filer le parfait amour ; mais il perdra son temps avec ma nièce, comme tous les autres... quand je dis ma nièce... ce que c'est que l'habitude... Là , même tout seul... Ah !.. cette chère Marie... s'il n'avait tenu qu'à moi, au lieu de lui prêter parmi nos camarades le patronage d'une parenté postiche, je serais son mari en réalité et pour tout de bon. C'est une manière de lui donner mon nom qui m'aurait mieux convenu que l'autre..... (*Transition.*) Allons donc..... allons, Champmeslé... ne devrais-tu pas te trouver assez heureux de penser que de pauvre orpheline, sans appui, sans espérance naguère, elle est devenue, grâce à toi , un des astres de la scène. D'ailleurs, de quoi me plaindrais-je ?

AIR *de la robe et les bottes.*

C'est sans retour, il est vrai, que je l'aime ;
Mais aucun autre au moins n'obtient son cœur :
Nous sommes mille à souffrir tous de même ,
C'est consolant !.. c'est presque du bonheur !
Oui, sur la scène, à la vertu fidèle,
Elle est restée à l'abri des faux pas ;
Et quand chacun dit tout haut qu'elle est belle,
Personne encor ne le lui dit tout bas !

Elle est si fière , la Champmeslé !.. Rien chez elle qui ressemble à une intrigue ; jamais un visage suspect.

SCENE V.

CHAMPMESLÉ, FLIPOTE.

FLIPOTE, *entrant par la porte à gauche, qu'elle referme avec précaution.* Là... j'ai bien fermé la porte du jardin...

CHAMPMESLÉ, *à part, la regardant avec surprise.* Qu'est-ce que j'aperçois là ?

FLIPOTE. J'ai bien suivi toutes ses recommandations..... personne ne m'a vue.

CHAMPMESLÉ, *à part.* Que vient faire ici cette vieille sibylle ?

FLIPOTE, *regardant l'appartement.* Bonté divine !... voilà une maison qui sent l'o-

l'opulence... nous n'avons rien d'aussi beau à Rouen... Il faut qu'elle occupe ici quelque place d'institutrice , de demoiselle de compagnie... Pauvre Marie... Je dsiais bien... avec son éducation , il est impossible qu'elle reste long-temps sans ressource...(*S'asseyant dans un fauteuil.*) Suis-je donc heureuse de l'avoir rencontrée !...

CHAMPMESLÉ, *à part.* Mais c'est qu'elle a l'air de vouloir s'installer ici... qu'est-ce que ça signifie?.... (*Haut.*) Dites donc , ma chère !..

FLIPOTE, *se levant.* Ah ! quelqu'un !.. (*Haut, en faisant une grande révérence.*) Monsieur...

CHAMPMESLÉ. Qui demandez-vous?

FLIPOTE, *se rasseyant.* Personne.

CHAMPMESLÉ. Et que venez-vous faire?

FLIPOTE. Attendre.

CHAMPMESLÉ, *à part.* Elle est laconique. (*Haut.*) Et par quel moyen avez-vous pénétré dans ce salon?..

FLIPOTE. Avec cette clef...

CHAMPMESLÉ, *regardant.* Hein?.... (*A part.*) Celle du jardin, celle dont se sert Marie pour aller au théâtre et en revenir plus vite !.. voilà qui est étrange... (*Haut.*) Et cette clef, de qui la tenez-vous?..

FLIPOTE. De M{::}lle{::} Marie...

CHAMPMESLÉ. Marie !.... comment?.... c'est elle-même...

FLIPOTE. Qui m'envoie !..

CHAMPMESLÉ, *à part.* Par exemple ! moi qui me félicitais de ne jamais rien voir chez elle d'équivoque et de suspect. (*Haut.*) Et où lui avez-vous parlé?.. quand? comment?

FLIPOTE. Mon Dieu ! c'est bien simple, tout-à-l'heure, j'allais faire dire une messe, et ne sachant pas mon chemin...

CHAMPMESLÉ. Vous n'êtes donc pas du quartier ?

FLIPOTE. Ni de la capitale. Arrivée hier de ma province...

CHAMPMESLÉ, *à part.* Allons, ça me rassure un peu... Si c'est vrai... (*Haut.*) Eh bien ?

FLIPOTE. Eh bien ! je m'étais égarée, et en levant les yeux pour découvrir une église, j'aperçois , écrit en grosses lettres sur la façade d'une maison vaste et spacieuse : « Hôtel de Bourgogne.»

CHAMPMESLÉ. Si c'est là que vous alliez faire dire des messes...

FLIPOTE. Oh ! non; je me doutai bien tout de suite que ce devait être la demeure de quelque grand personnage, n'est-ce pas, monsieur ?

CHAMPMESLÉ. Mais oui; on y voit même

fréquemment des princes et des rois, presque tous les soirs.

FLIPOTE. J'allais donc chercher ailleurs, quand tout-à-coup une dame paraît à un balcon, jette la vue de mon côté, et s'écrie : « Flipote ! Flipote ! » avec une voix qui m'allait à l'ame.

CHAMPMESLÉ. Flipote.. qu'est-ce que c'est que ça, Flipote ?

FLIPOTE, *faisant la révérence*. C'est mon nom, monsieur, pour vous servir.

CHAMPMESLÉ. Bien obligé ; je vous en fais mon compliment. Après ?

FLIPOTE. J'étais restée là, les yeux en l'air, pour deviner qui m'appelait.... mais bast !.. elle avait déjà disparu... et pendant que je la cherchais sur le balcon, ne voilà-t-il pas qu'elle se trouve à côté de moi, qu'elle me saute au cou, en m'inondant de larmes, de caresses ; c'est aux caresses que je l'ai reconnue, car depuis le temps, si grandie, si embellie... Mais c'était bien elle... Marie !.. La revoir tout-à-coup... la tenir dans mes bras, sur mon cœur !.. ah ! quelle surprise ! quelle joie !.. que le bon Dieu est bon !

CHAMPMESLÉ, *à part*. Cette aventure-là ressemble à une énigme du *Mercure galant*. (*Haut.*) Qui êtes-vous donc, ma bonne ? votre pays, votre état ?

FLIPOTE. Quant à ça, en m'envoyant ici, elle m'a recommandé de n'en pas souffler le mot.

CHAMPMESLÉ. Mais du moins, quand l'avez-vous connue ? où ? dans quelle circonstance ?

FLIPOTE. Voilà encore ce qu'elle m'a défendu de dire à qui que ce soit.

CHAMPMESLÉ. Mais moi, c'est différent, comme il s'agit de ma nièce...

FLIPOTE. Votre nièce !.. il serait possible !... ah ! l'honnête homme !... le digne homme, vous lui auriez fait épouser votre neveu ?

CHAMPMESLÉ. Du tout, du tout... elle n'est pas mariée ; je suis son propre oncle.

FLIPOTE, *d'un ton d'incrédulité*. Vous ?

CHAMPMESLÉ, *avec importance*. Moi !

FLIPOTE. Allons donc !

CHAMPMESLÉ. Comment, allons ? quand je déclare que c'est vrai...

FLIPOTE. Je déclare, moi, que c'est impossible .. je le sais bien peut-être.

CHAMPMESLÉ. Plaît-il ?.. Vous auriez des renseignemens sur sa famille, sur sa naissance. (*A part.*) Justement ! elle qui ne m'a jamais confié.... (*Haut.*) Parlez, parlez vite ; quels étaient ses parens ? que faisaient-ils ? leur rang ? leur pays, leur nom ?

FLIPOTE. Là ! qu'est-ce que je disais ?.. il demande le nom des parens de sa nièce !

CHAMPMESLÉ. Précisément ; j'ai plus de droit à le savoir que personne, et vous allez me dire...

FLIPOTE. Rien du tout.

CHAMPMESLÉ. Est-elle entêtée la vieille ! Eh bien ! je n'y tiens plus... d'un côté ou de l'autre, il faut que je m'éclaircisse. Je cours au théâtre.

FLIPOTE. Au théâtre ?

CHAMPMESLÉ. Oui, à l'hôtel de Bourgogne... je vais trouver Marie.

FLIPOTE. Le théâtre ?... Quel rapport ?

CHAMPMESLÉ. Comment ? vous ne savez donc pas...

FLIPOTE. Au nom de tous les saints, expliquez-vous !

CHAMPMESLÉ. Eh bien ! soit ; je suis meilleur enfant que vous, moi, je ne vous ferai pas languir... Apprenez que Marie...

FLIPOTE. Marie !

CHAMPMESLÉ. Elle est...

FLIPOTE. Quoi donc ?

✦✦✦✦✦✦✦✦✦✦✦✦✦✦✦✦✦✦✦✦✦✦✦✦✦✦✦✦✦✦

SCENE VI.

CHAMPMESLÉ, LA CHAMPMESLÉ, FLIPOTE.

LA CHAMPMESLÉ, *qui est entrée un peu avant par le fond, s'avançant tout-à-coup*. Actrice !

FLIPOTE, *avec un grand cri, se cachant la tête entre les mains*. Ah !

CHAMPMESLÉ. Est-ce qu'elle se trouve mal encore à son âge ?

LA CHAMPMESLÉ, *courant à elle*. Flipote ! ma bonne vieille, qu'as-tu donc ?

FLIPOTE. Vous, mamzelle !.. vous actrice ! moi qui ce matin encore allais faire dire une messe pour votre bonheur... qui, en vous rencontrant, remerciais Dieu de m'avoir exaucée.

LA CHAMPMESLÉ. Ah ! je reconnais là ton cœur... embrassons-nous encore.

FLIPOTE, *la repoussant doucement de la main*. Merci, mamzelle, merci, laissez-moi... j'ai besoin de vous pleurer tout à mon aise.

(*Elle fait un pas pour sortir.*)

LA CHAMPMESLÉ, *l'arrêtant*. Me pleurer ? et pourquoi ?

FLIPOTE. Pourquoi ? vous le demandez ! vous qui étiez d'une famille si austère, si noble... vous issue des...

CHAMPMESLÉ, *vivement, s'approchant pour entendre*. Qu'est-ce qu'elle dit ?

LA CHAMPMESLÉ, *qui a mis la main sur la bouche de Flipote*. Tais-toi ! tais-toi !..

que ce nom ne soit jamais prononcé ici.

CHAMPMESLÉ, *à part, d'un air de désap-
pointement.* Allons, je ne saurai encore rien.
(*Haut.*) Pourquoi l'interrompre, cette bra-
ve femme? Laissez-la parler... car enfin,
pour juger de ses raisons..

LA CHAMPMESLÉ. Ses raisons et les miennes... pouvez-vous en juger sans les con-
naître? Quand vous m'avez rencontrée,
pauvre orpheline, dans l'abandon, vous fû-
tes frappé de mon air de douleur.

CHAMPMESLÉ. Oh! ça! du premier coup
d'œil, je me suis dit : Voilà une tragédienne... des larmes dans la voix... une
physionomie si malheureuse!.. vrai, ça
faisait plaisir à voir.

LA CHAMPMESLÉ. Ah! c'est qu'en effet
j'avais déjà tant pleuré, tant souffert!

CHAMPMESLÉ. Est-il possible?

LA CHAMPMESLÉ. C'est qu'il y avait déjà
toute une tragédie dans mon humble existence.

FLIPOTE, *vivement.* Ne parlez pas de cela, mamzelle, n'y pensez plus.

LA CHAMPMESLÉ. N'y plus penser! et le
puis-je? Puis-je oublier mon père... chassé de sa famille, dépouillé de tous ses
droits, réduit à changer de nom, à s'expa-
trier, et pourquoi? quel était son crime?..
d'avoir, lui, fils d'un homme riche et puis-
sant, épousé la fille d'un marchand obs-
cur, mais honorable... J'avais quatorze ans
à peine, quand mon père, qui, pour assurer notre sort, avait pris du service à l'é-
tranger, mon malheureux père périt sur un
champ de bataille.

FLIPOTE. Lui, que j'avais élevé!..

LA CHAMPMESLÉ. Accablée, souffrante,
ma mère s'effraya de l'avenir qu'elle entre-
voyait pour moi. Ses faibles ressources,
elle les épuisa pour me ramener en France, dans sa ville natale, et là, me révélant
la cause et l'auteur de tous nos maux..
Va, mon enfant, va l'implorer, me dit-
elle... s'il fut sourd à notre repentir,
ton innocence du moins trouvera grâce
devant lui. Va, je serai consolée de mon
sort, si je puis en espérer un autre pour
toi... Elle ordonnait; quoi qu'il m'en
coûtât, je dus obéir. Hélas! à mon retour,
elle n'avait plus d'espérance... et ce fut là
le dernier coup pour elle.

CHAMPMESLÉ, *secouant la tête.* Au fait,
je comprends qu'on soit grande tragédienne
à ce prix-là.

LA CHAMPMESLÉ, *avec énergie.* Hein?...
n'est-ce pas?.. Et si vous saviez... si je
pouvais vous retracer les instans si courts,
l'heure unique que j'ai passée dans cette
maison de mes ancêtres, inconnue pour

moi, et où tout, jusqu'à son faste même,
avait quelque chose de grave et de sévère.
Flipote, qui en était la gouvernante, et qui
n'avait cessé, en secret, de s'intéresser à
nous, la bonne Flipote s'était chargée de
me présenter, de plaider ma cause; mais,
redoutant, pour ma timidité, une première
explosion de colère, elle m'avait fait attendre à la porte du cabinet, pendant qu'elle
allait m'annoncer à mon aïeul, et le dis-
poser à ma vue. Ah! elle n'épargna rien
en ma faveur... ordres, menaces, elle bra-
va tout; elle eut du courage, de l'éloquen-
ce!.. Vains efforts!. Jugez quelle épreuve
pour moi qui étais là, entendant sans voir,
tremblante, agenouillée, à demi-morte!..
Vous peindre toutes les sensations qui ve-
naient m'assaillir en ce moment, tout ce
qui se souleva dans mon jeune cœur; non,
je ne l'essaierai pas... qu'il me suffise de
vous dire que long-temps après, que maintenant encore, sur le théâtre, dans mes
scènes de passion et d'emportement, dans
les invectives d'Hermione, dans les impré-
cations de Camille, si quelquefois je me
sens froide, sans énergie, je n'ai qu'à re-
jeter un instant ma pensée vers ce souvenir, qu'à me figurer que j'entends encore
cette voix terrible, ces paroles d'insulte et
de malédiction contre tout ce qui me fut
cher... c'en est assez... je m'anime, mon
sang bout; ce n'est plus de l'art, c'est de la
fureur, c'est de la haine; je suis sublime,
je suis vraie!

FLIPOTE. De la haine!... contre lui!...
contre votre grand-père!

LA CHAMPMESLÉ. L'est-il encore?.. Que
reste-t-il de commun entre nous? un nom;
et voilà pourquoi je me suis juré que ce
nom ne serait jamais connu. Il m'a reniée;
je le renie à mon tour... Ces liens du sang,
si je les méconnais, c'est à son exemple...
Ne les a-t-il pas brisés le premier? n'a-t-il
pas refusé même de me voir? ne m'a-t-il
pas, moi, pauvre enfant, condamnée sans
m'entendre... lui, lui... un magistrat!.

CHAMPMESLÉ, *vivement.* Ah! c'était un..

FLIPOTE, *voulant la calmer.* Mamzelle!.

LA CHAMPMESLÉ, *souriant.* Oui, tu as
raison... je ne me possède plus... je me
laisse aller à ma véhémence!.. Dam! l'habitude... Mais je veux être gaie... et après
tout, n'en ai-je pas sujet?.. que regrette-
rais-je?.. qu'ai-je perdu? un nom anti-
que?.. Eh bien! je commence le mien.

CHAMPMESLÉ. Et de manière à le faire
durer.

LA CHAMPMESLÉ. Une grande fortune?..
Mais tu vois, je ne suis pas si pauvre... et
du moins, je puis me dire : Tout cela vient

de moi. Et que serais-je à l'heure qu'il est? Une demoiselle bien guindée, bien gauche, engoncée dans les vertugadins du dernier siècle, claquemurée dans un salon monotone, ne sachant que rougir et baisser les yeux... au lieu d'avoir ma liberté, mon indépendance, d'être l'idole de tout un public, de voir tout ce qu'il y a de plus illustre en France, autour de moi, quand je veux, à mes pieds si je voulais.

CHAMPMESLÉ. Je crois bien.

LA CHAMPMESLÉ. Donne-moi du moins cette journée... rends-moi ma bonne Flipote... Que tu sois à moi, toute à moi pendant quelques heures... que je te garde, que tu m'appartiennes... hein? le veux-tu? t'en coûtera-t-il trop? Vas-tu encore détourner la tête? repousser les embrassemens de la pauvre Marie?.. Voyons, est-ce que tu ne m'aimes plus du tout?

FLIPOTE.

AIR *du Partage de la richesse.*
N' plus vous aimer! ça s' peut-il, je vous prie?
Soyez actric', soyez l' diabl'! c'est égal!
Pour moi vous s'rez toujours Marie,
Toujours ma fille! et, si c'est mal,
Si c'est un péché que j' vas faire,
En vous voyant, forcé de s'attendrir,
Le bon Dieu n'aura pas, j'espère,
Le courage de m'en punir.

J'en serai quitte pour faire dire à votre intention deux messes au lieu d'une.

LA CHAMPMESLÉ, *riant.* A la bonne heure... je ne refuse pas les messes, pourvu que tu te rendes à mon invitation.

FLIPOTE. Pardine! ce n'est pas l'envie qui me manque... Mais comment faire? Mon maître qui n'est ici qu'en voyage... s'il ne me voit pas revenir?

LA CHAMPMESLÉ. En le prévenant, sous un prétexte... un de mes gens que j'enverrai...

FLIPOTE, *étonnée.* Un de vos gens!..

LA CHAMPMESLÉ. Oui, oui; moi aussi j'en ai; ça t'étonne. Champmeslé, voulez-vous appeler quelqu'un, et en même temps faire dire que je ne reçois personne, sans exception, ni ducs, ni ambassadeurs, ni princes.

FLIPOTE. *plus surprise encore.* Des princes!..

LA CHAMPMESLÉ, *gaîment.* C'est toi qui leur fermes ma porte... c'est convenu!

FLIPOTE. Oui, mamzelle... et pourtant, une réflexion... je ne sais si j'oserai vous dire...

LA CHAMPMESLÉ. Quoi donc?

FLIPOTE. C'est qu'un de vos gens, mon maître n'aurait qu'à l'interroger, apprendre de lui que je suis chez une..

LA CHAMPMESLÉ. Oui, je comprends...

il trouverait étrange... il en chercherait la cause... et s'il devinait... oh! va, va toi-même... Rien, jamais rien entre lui et moi... mais tu reviendras, j'y compte.

AIR : *Ah! comme il lui ressemble.* (Caraffa, prison d'Edimbourg.)
Cette journée entière
Est à moi, je le veux,
A moi seule, ma chère!
FLIPOTE.
Ah! dites à nous deux!
ENSEMBLE.
LA CHAMPMESLÉ, FLIPOTE.
Cette journée entière
Doit être pour nous deux :
Bien heureuse et bien chère,
Elle comble nos vœux.
CHAMPMESLÉ, *à part.*
Quel est donc ce grand-père?
Ah! je suis curieux
De savoir le mystère
Qu'on dérobe à mes yeux.

(*Flipote sort; la Champmeslé la reconduit.*)

SCENE VII.
LA CHAMPMESLÉ, CHAMPMESLÉ.

LA CHAMPMESLÉ. Champmeslé, j'ai à causer avec vous.

CHAMPMESLÉ. Parlez : est-ce qu'il serait arrivé quelque accident à la répétition de Mithridate?

LA CHAMPMESLÉ. Non, non, je l'ai interrompue : dans mon empressement à voir Flipote, j'ai quitté nos camarades en les priant de se réunir chez moi dans une heure.

CHAMPMESLÉ. De quoi s'agit-il donc?

LA CHAMPMESLÉ. D'un sujet dont je cherche vainement à me distraire depuis quelques jours, et qui, malgré moi, me revient sans cesse à la pensée.

CHAMPMESLÉ. Ah! j'y suis... Il s'agit de vos études pour Monime, l'un de vos plus beaux rôles.

LA CHAMPMESLÉ, *avec un peu d'impatience.* Mes rôles... toujours mes rôles... eh! mon Dieu! n'est-ce pas assez d'être comédienne au théâtre? n'aura-t-on pas au moins le droit de redevenir femme ensuite, d'interroger son cœur, d'en écouter la voix?

CHAMPMESLÉ. Où voulez-vous en venir?

LA CHAMPMESLÉ. Vous ne l'avez pas deviné?.. Ces passions dont je suis chaque soir l'interprète, vous ne concevez pas qu'il me devienne impossible de les prendre et de les quitter comme le costume d'un rôle. Quoi! peindre sans cesse le délire et l'enivrement de l'amour, sans en éprouver la contagion, ne s'enflammer qu'à froid, se faire un jeu de ce langage qu'on rend si persuasif pour la foule, rester seule insensible au milieu des émotions qu'on inspire!.. Qui pourrait l'espérer? Qui pourrait, en s'exaltant par les sentimens les plus tendres, les enfermer à volonté dans son imagination, leur dire : « Vous n'irez pas plus loin.» Un homme en aurait-il la force? Et moi!.. moi!.. je ne suis qu'une femme!

CHAMPMESLÉ, *à part.* Par exemple !.. Est-ce qu'elle regretterait d'avoir refusé ma main, et qu'à force de me voir près d'elle... (*Haut.*) Ma chère Marie...

LA CHAMPMESLÉ. Ce n'est pas sans peine que je me suis décidée à vous faire un aveu dont je rougis!..

CHAMPMESLÉ, *à part.* C'est ça!.. déclaration indirecte !..

LA CHAMPMESLÉ. Je ne dois, je ne peux plus garder le nom de votre nièce : il faut que j'y renonce aux yeux de tous.

CHAMPMESLÉ, *à part.* Pour celui de ma femme... Suis-je heureux!.. (*Haut.*) Bonne Marie!.. ce que vous venez de dire me touche à un point!.. j'en pleurerais!.. vous avez raison... à quoi bon faire un mystère de vos sentimens?

LA CHAMPMESLÉ. Avec vous!.. car pour celui qui en est l'objet... ah! tant que je pourrai!..

CHAMPMESLÉ, *avec surprise.* Hein?.... Comment?

LA CHAMPMESLÉ. Sans doute. Il les ignore.

CHAMPMESLÉ. Qui donc?..

LA CHAMPMESLÉ. Le marquis de Genevray...

CHAMPMESLÉ, *stupéfait.* Le marquis....

LA CHAMPMESLÉ. Et malgré ses empressemens si dangereux pour ma raison, malgré son respect, encore plus dangereux peut-être. (*Voyant Champmeslé se troubler.*) Eh! mais, Champmeslé, qu'est-ce qui vous prend?

CHAMPMESLÉ, *avec effort.* Rien!.. rien!.. Continuez toujours!..

LA CHAMPMESLÉ. Que je continue? quand vous paraissez souffrir?

CHAMPMESLÉ. Oh! moi!.. peu importe!. ça ne m'empêche pas de m'intéresser toujours à votre bonheur... même si c'est un autre qui doit le faire.

LA CHAMPMESLÉ. Un autre!.. Qu'entends-je?.. Vos anciennes idées!.. se pourrait-il? Vous n'aviez pas cessé d'y songer?

CHAMPMESLÉ. Est-ce que vous aviez cessé d'être bonne et jolie?

LA CHAMPMESLÉ. Ah! mon ami !.. s'il en est ainsi.. pardon!.. pardon!.. combien je me reproche de vous avoir entretenu...

AIR : *Paris et le Village.*

Il m'est bien plus doux de songer
A vous, à ma reconnaissance !
Après m'avoir su protéger,
Montrer pour moi tant d'indulgence!..
Mon ami, soyez sans effroi,
Personne sur vous ne l'emporte ;
(*Lui tendant la main.*)
Et si l'amour entre chez moi,
Que jamais l'amitié n'en sorte !

CHAMPMESLÉ. Oui, l'amitié!.. c'est mon lot!.. je changerais bien.

LA CHAMPMESLÉ. Vous auriez tort : j'ai là sa récompense.

CHAMPMESLÉ. Comment?

LA CHAMPMESLÉ. Sans doute !.. vous savez bien, mon portrait, le chef-d'œuvre de Mignard? On le réclamera peut-être... mais moi... à qui croyez-vous que je l'aie destiné d'avance?

CHAMPMESLÉ, *avec joie.* Bien vrai!.. ce ce serait pour.... Je crains de me tromper encore.

LA CHAMPMESLÉ. Non, non, il acquittera ma dette envers vous... autant du moins que je le puis... Prenez-le vous-même.... aujourd'hui... là... là... dans cette toilette.... oh!.. aujourd'hui... je vous en prie.

CHAMPMESLÉ. Tout de suite... (*A part, en allant vers la toilette.*) Je conçois... plus tard... et pourtant c'est bien le moins que j'aie la copie, quand l'autre...

LA CHAMPMESLÉ, *à part.* Allons!.. que ce jour règle tous mes comptes avec le passé... et après!.. après!.. ah! Gaston !

CHAMPMESLÉ, *qui a ouvert la toilette, apercevant l'écrin placé par Gaston à la première scène.* Qu'est-ce que je vois là?

LA CHAMPMESLÉ. Quoi donc?

CHAMPMESLÉ, *le prenant.* Regardez.

LA CHAMPMESLÉ, *très-surprise.* Un écrin!

CHAMPMESLÉ. Ça m'en a tout l'air.

LA CHAMPMESLÉ. Et qui s'est permis...

CHAMPMESLÉ. Ma foi!.... j'ignore.... (*Après un silence.*) Faut-il ouvrir?

LA CHAMPMESLÉ. Sans doute... pour savoir à qui renvoyer...

CHAMPMESLÉ. C'est juste. (*Il ouvre.*) Des diamans !..

LA CHAMPMESLÉ. Quelle insolence !

CHAMPMESLÉ. D'une bien belle eau !.... ils sont superbes...

LA CHAMPMESLÉ, *avec un sourire de dédain.* Tant mieux!.. (*A elle-même.*) Gaston!.. ah!.. je ne te conterai pas ce sacrifice-là.... mais du moins il prouvera que ma tendresse est désintéressée.

CHAMPMESLÉ, *examinant toujours.* Ah !.. un billet !..

LA CHAMPMESLÉ. Donnez, donnez vite.··

(*Elle le prend.*) Ciel!.. cette écriture!..

CHAMPMESLÉ. Qu'y a-t-il donc?

LA CHAMPMESLÉ, *lui donnant le billet.* Voyez !

CHAMPMESLÉ, *regardant à la signature.* Le marquis!

LA CHAMPMESLÉ, *en pleurant.* Un pareil outrage !.. ah!.. c'est affreux!.. moi qui allais peut-être renoncer pour lui à ma propre estime!... je n'avais pas la sienne !

CHAMPMESLÉ. Marie !

LA CHAMPMESLÉ, *avec indignation.* Voilà donc ce respect auquel j'avais cru, dont j'étais si fière ; car j'en étais digne... me traiter ainsi!. avec qui me confond-il?.. Ah! j'aurais pu consentir à rougir d'une faiblesse... mais d'une bassesse... jamais!..

CHAMPMESLÉ, *à part.* Eh bien!.. il a joliment avancé ses affaires.

LA CHAMPMESLÉ. Cet écrin, que je ne le revoie plus... qu'il ne reste pas un jour, une heure ici.

CHAMPMESLÉ. Qu'à cela ne tienne... je me charge de le reporter moi-même....

LA CHAMPMESLÉ. Ce service!.. ah!.. je n'osais pas...

CHAMPMESLÉ. Allons donc... pour ma nièce... car... vous la redevenez?

LA CHAMPMESLÉ. Ah !.. pour la vie!... et dites-lui bien au moins...

CHAMPMESLÉ. Tout ce qu'il faudra !

LA CHAMPMESLÉ. Que je suis indignée !

CHAMPMESLÉ. Bien !

LA CHAMPMESLÉ. Que je ne veux plus le voir.

CHAMPMESLÉ. Très-bien.

LA CHAMPMESLÉ. Que ses visites m'offensent.

CHAMPMESLÉ. Encore mieux !

LA CHAMPMESLÉ. Que je le hais.

CHAMPMESLÉ. Ah! c'est trop!.. prenez garde!... Quand on parle de haine, c'est que l'amour ne s'en va pas!.. Il suffit de lui dire que vous ne lui pardonnerez jamais.

LA CHAMPMESLÉ. Allez... allez... partez vite.

CHAMPMESLÉ, *à part, en sortant.* Son oncle... pour la vie... C'est toujours cela en attendant.

(Il sort par le fond.)

SCENE VIII.

LA CHAMPMESLÉ, *seule.*

Pardonner?.. ah! Gaston !.. Je vois.... parce qu'il m'a trouvée sur un théâtre.

mon embarras, mon émotion n'auront paru à ses yeux qu'un manége de coquetterie. C'eût été de l'innocence, de la candeur, si j'étais entourée d'une famille, dans la maison paternelle... Ainsi, tous mes malheurs, je les devrai sans cesse à mon aïeul... Oh! s'il est une justice au ciel!

SCENE IX.

FLIPOTE, LA CHAMPMESLÉ.

FLIPOTE, *essoufflée, accourant par le fond.* Ah! mamzelle!.. mamzelle!.. ouf!..

LA CHAMPMESLÉ. C'est toi, Flipote!.. qu'as-tu donc?

FLIPOTE. Pardon... je n'en puis plus... dam!.. pour me glisser à votre porte sans être aperçue...

LA CHAMPMESLÉ. Explique-moi...

FLIPOTE. Tout de suite..... le temps de souffler... Je revenais donc de chez mon maître, de chez M. le président, à qui je n'ai eu à dire qu'un mot, parce qu'il est tout préoccupé de ses projets d'alliance pour son petit-fils.

LA CHAMPMESLÉ, *étonnée.* Son petit-fils!..

FLIPOTE. Ah! c'est juste!.. vous ignorez... vos parens ne vous en auront jamais parlé... et vous êtes si peu restée à Rouen... D'ailleurs il était alors au collége... mais depuis il a poussé... c'est un homme... et il est question aujourd'hui de le marier à la fille de M. de Harlay..... un parti superbe... avec des avantages!..

LA CHAMPMESLÉ, *à part.* Oh!.. oui !.. tout pour celui-là.

FLIPOTE. Un joli cavalier, allez...... de votre âge... et si aimable... je suis sûre que vous l'aimeriez, quoiqu'il soit votre cousin... Mais, malgré ça, il n'aurait pas été prudent de me laisser reconnaître, en entrant chez vous.

LA CHAMPMESLÉ. Comment?

FLIPOTE. Sans doute .... je ne sais par quel hasard... mais il était là, en bas, se disputant avec votre portier...

LA CHAMPMESLÉ. Que dis-tu?.... qui donc ?

FLIPOTE. M. Gaston.

LA CHAMPMESLÉ. Gaston!.. Gaston !.. oh !.. je ne puis croire... (*Courant à la fenêtre.*) Ah! encore là !.. viens, Flipote... regarde. (*Avec impatience.*) Viens donc !... est-ce bien le même?

FLIPOTE, *regardant à la fenêtre.* Eh! oui !... votre cousin... le marquis de Genvray.

LA CHAMPMESLÉ, *à elle-même, marchant avec agitation.* Mon cousin !.. Gaston, mon cousin !.. Et il allait se marier !.. lui !.... pendant que... ah !.. cette alliance... un projet de son aïeul, un choix de vanité, d'ambition, de ces convenances du monde auxquelles on nous a sacrifiés, mon père, moi, nous tous !.... Ah ! c'est trop !.. c'est trop !

FLIPOTE, *cherchant à la suivre.* Mamzelle, mamzelle... Eh bien?.. qu'est-ce qui vous prend donc?..

LA CHAMPMESLÉ, *vivement.* Laisse-moi ! laisse-moi !

(Elle court à sa toilette, et agite une sonnette.)

FLIPOTE, *à part.* Je n'y comprends rien... à moins que ce ne soit un de ces rôles de fureur dont elle parlait tantôt.

UN DOMESTIQUE, *entrant.* Mademoiselle a sonné.

LA CHAMPMESLÉ. Qu'on laisse monter le marquis de Genèvray.

(Le domestique sort.)

FLIPOTE. Monter !.. lui !.. chez vous !.. mamzelle ?.. qu'est-ce que ça signifie ?.... que voulez-vous faire ?..

LA CHAMPMESLÉ. Tais-toi... tais-toi...

FLIPOTE. Mais...

LA CHAMPMESLÉ, *lui montrant la porte du cabinet, à droite.* Là... là... dans mon appartement... va m'attendre... et surtout, garde-toi de paraître...

FLIPOTE, *à part, en reculant.* Ah ! mon Dieu !.. mon Dieu !.. ce ton... ces regards... je ne la reconnais plus... c'est de la tragédie, pour sûr !

LA CHAMPMESLÉ, *lui faisant un geste impératif.* Va... va, te dis-je. (*Flipote sort par la porte de droite, La Champmeslé écoutant par la porte du fond.*) Il monte !.. (*Redescendant la scène d'un air de triomphe.*) Ah ! le ciel est juste !

SCENE X.

GASTON, LA CHAMPMESLÉ.

GASTON. Mademoiselle... quel bonheur ! j'étais là... désespéré... prêt à quitter votre porte... qu'on me disait défendue pour tout le monde..... et c'est à moi que vous daignez l'ouvrir !.. à moi seul !

LA CHAMPMESLÉ. Sans doute, monsieur le marquis... n'est-ce pas votre droit, puisque ce matin vous l'avez acheté?..

GASTON. Ah ! mademoiselle !..

LA CHAMPMESLÉ. Vous me méprisez donc bien !

GASTON. Que dites-vous?.... je vous jure...

LA CHAMPMESLÉ. Point de sermens !.. ils coûtent si peu aux hommes... c'est de la franchise qu'il me faut... et je vous en donnerai l'exemple... Oui, quand je devrais descendre encore dans votre opinion... apprenez que je vous aimais...

GASTON, *avec transport.* Se peut-il?..

LA CHAMPMESLÉ. J'irai plus loin : ce sera ma punition !.. apprenez qu'il n'y a pas une heure, j'entrevoyais déjà, tout en le craignant, tout en me promettant de le fuir, l'instant où ma liberté, mon repos... seraient à la merci d'un de vos regards...

GASTON. O ciel !.... ah ! si vous me l'avouez ainsi, c'est que je n'ai plus d'espérance !..

LA CHAMPMESLÉ. C'est possible.

GASTON. Oh ! maintenant je comprends ma faute !.. Si je pouvais l'expier?..

LA CHAMPMESLÉ. Dites-vous vrai?

GASTON. Ah !.. je suis incapable de vous tromper.

LA CHAMPMESLÉ, *avec expression.* Vous !

GASTON. Je vous aime tant !

LA CHAMPMESLÉ, *attachant sur lui un regard scrutateur.* Plus que Mlle de Harlay?

GASTON. Mlle de Harlay !..

LA CHAMPMESLÉ. Ah ! vous voyez que je suis instruite.

GASTON. Instruite !.. et de quoi?.... ce mariage... est-ce moi qui l'ai recherché?.. c'est mon grand-père qui me le propose... qui veut m'y contraindre... mais jusqu'ici aucun consentement de ma part...

LA CHAMPMESLÉ, *appuyant.* Ni... aucun refus !

GASTON. Puisqu'il faut être franc...

LA CHAMPMESLÉ, *impérieusement.* Je l'exige !

GASTON. Eh bien ! non... pas encore !.. Je voulais avant tout m'assurer de vos sentimens ; mais si j'ai réussi à vous plaire, si vous me permettez de vous consacrer ma vie, de la passer auprès de vous...

LA CHAMPMESLÉ. Point de conditions !.. je n'en veux pas .. je ne veux pas que vous ayez de certitude !.. En ce moment il n'y a de certain pour vous que mon indignation, que ma colère !.. et s'il est un moyen de les désarmer...

GASTON. Un moyen !.. lequel?..

LA CHAMPMESLÉ. Je ne vous promets rien, au moins !.. ces aveux que je vous ai faits tout-à-l'heure, je les reprends, ils sont nuls pour l'avenir. Quoi que vous fassiez, vous n'y aurez gagné que l'oubli de votre insulte, que le droit de reparaître chez moi en étranger, en indifférent, comme le premier jour où je vous y ai reçu... pas d'autre récompense. N'en attendez aucune !.. peut-être n'en obtiendrez-vous jamais ? Je l'ignore moi-même... je ne veux pas le savoir !.... En un mot, il s'agit pour vous de tout mettre au hasard... Mais on hasarde, quand on aime !..

GASTON. Parlez... parlez... ce moyen !..

LA CHAMPMESLÉ. Si vous ne l'avez pas deviné, à quoi bon vous le dirais-je ?

GASTON, *courant s'asseoir à la toilette.* Ah ! vous avez raison...

(Il se dispose à écrire.)

LA CHAMPMESLÉ, *le suivant des yeux avec joie, à part.* Il y va !..

GASTON, *écrivant.* Ce refus décisif...

LA CHAMPMESLÉ, *allant au fauteuil où est assis Gaston, et sur le dos duquel elle appuie sa main.* Gaston !.. Gaston !.. prenez-y garde... Je ne voudrais pas abuser d'un premier mouvement. Il faut que vous connaissiez toutes les conséquences de ce que vous allez faire. Le président est inflexible.

GASTON, *écrivant toujours.* Je le sais.

LA CHAMPMESLÉ. Vous serez à jamais banni de sa maison.

GASTON, *de même.* Pour rentrer dans la vôtre.

LA CHAMPMESLÉ. Persécuté dans tous vos projets..... dans votre avancement..... dans votre faveur à la cour.

GASTON, *de même.* Tant mieux... si cela vous force à me plaindre...

LA CHAMPMESLÉ. Déshérité enfin d'une fortune immense.

GASTON. Vous m'empêchez d'écrire !..

LA CHAMPMESLÉ, *attendrie, à part.* Comme il m'aime !..

GASTON, *lui présentant la lettre.* Tenez... tenez... êtes-vous contente ?..

LA CHAMPMESLÉ, *à part, en prenant la lettre.* Ah !.. ce n'est pas un écrin, cela !..

GASTON, *cherchant à lui prendre la main.* Marie !..

LA CHAMPMESLÉ, *refusant sa main.* Relevez-vous !.. car je n'ai rien promis !

CHAMPMESLÉ, *entrant et apercevant le marquis, à part.* Ah ! mon Dieu !..

(Il tombe sur un fauteuil au fond.)

GASTON, *toujours à genoux.* N'est-il donc pas d'espoir ?

LA CHAMPMESLÉ, *faisant un mouvement pour sortir.* Je ne le permets, ni ne le défends.

GASTON. Un mot !.. je vous en conjure !..

LA CHAMPMESLÉ. Assez !.. *(A part.)* Du bonheur peut-être !.. Et d'abord ma vengeance.

(Elle indique la lettre qu'elle tient. Elle sort par la porte du cabinet à droite.)

SCENE XI.

GASTON, *sur le devant,* CHAMPMESLÉ, *toujours abasourdi dans le fond.*

GASTON, *à -lui-même.* Elle me fuit !.. mes efforts sont inutiles !.. Ah ! quand elle m'a quitté, j'étais prêt à lui offrir et ma main et mon nom !.. mais ma naissance... l'orgueil de ma famille... Eh bien ! le marquis de l'Hôpital ne vient-il pas d'épouser Marie Mignot !.. Marie Mignot... une blanchisseuse !.. lui !.. maréchal de France !.. Oui, s'il n'était que ce moyen de l'apaiser et de l'obtenir...

CHAMPMESLÉ, *revenant à lui et s'avançant.* J'ai cru que j'allais m'évanouir tout-à-fait.

GASTON. Ah ! Champmeslé, c'est vous !

CHAMPMESLÉ. Moi-même ! J'avais été chargé de vous remettre, et j'ai laissé chez vous un congé définitif en même temps qu'un écrin...

GASTON. Ah ! Champmeslé, ne rappelez pas une erreur que je maudis et que j'ai déjà tant expiée...

CHAMPMESLÉ. Mais qu'on vous pardonne, si j'en crois ce que j'ai vu en entrant.

GASTON. Me pardonner ?.. hélas, non !.. c'est de la colère, rien que de la colère, que je lisais dans ses yeux !..

CHAMPMESLÉ. En vérité ?..

GASTON. Le bonheur que j'avais rêvé est peut-être à jamais perdu.

CHAMPMESLÉ. Oh ! merci, monsieur le marquis, merci !... voilà qui me remet tout-à-fait !.. Un flacon entier de l'eau de la reine de Hongrie ne me ferait pas tant de bien !..

GASTON. Oui, je comprends ! Vous, son oncle...

CHAMPMESLÉ. Oh !.. si elle était ma nièce ?..

GASTON. Comment !.... vous ne seriez pas...

CHAMPMESLÉ. Non, monsieur, non !.. Elle ne m'a demandé ce titre que pour faire respecter en elle les principes qu'elle a reçus dans sa noble famille.

GASTON. Sa noble famille ?.. que dites-vous là ?

CHAMPMESLÉ. La vérité.

GASTON. Quoi !.. M¹¹ᵉ Champmeslé...

CHAMPMESLÉ. Porte un nom qui n'est pas le sien.

GASTON. Et son origine est noble ?

CHAMPMESLÉ. Egale, au moins, à la vôtre.

GASTON. Elle est noble, dites-vous? des revers seuls l'ont réduite à exercer une profession où elle s'est illustrée!..

CHAMPMESLÉ. Précisément!

GASTON.

Air : *Vaudeville des Frères de lait.*
C'en est donc fait! quel bonheur! quelle ivresse!
De la fortune effacer tous les torts!
Toi, dont mon cœur méconnut la noblesse,
Par mon amour te prouver mes remords,
C'est désormais le but de mes efforts!
Oui, vers le rang auquel tu dois prétendre,
Je saurai, moi, te rouvrir un chemin :
Si le malheur un jour te fit descendre,
Pour remonter l'amour te tend la main.

CHAMPMESLÉ. Ai-je bien compris?

GASTON. Oui, Champmeslé, oui, mon cœur, ma main, mon nom, tout est à elle.

CHAMPMESLÉ, *à part.* Et moi qui croyais m'en débarrasser!..

GASTON. Champmeslé, vous êtes son ami, son premier protecteur? Eh bien, c'est vous que je charge de plaider ma cause auprès d'elle.

CHAMPMESLÉ. Moi?

GASTON. Elle était irritée, mais, dans le fond de son cœur, elle m'aime.

CHAMPMESLÉ, *à part.* Que trop!.. dont j'enrage.

GASTON. Je veux que l'offre de ma main lui soit apportée par l'homme qui lui servit de père. Mais, je vous en prie, ne perdez pas un instant!.. dans une heure je viendrai chercher sa réponse.

CHAMPMESLÉ, *à part.* Et il faut que ce soit moi?.. Allons, résignons-nous! que ne ferais-je pas pour elle?

UN DOMESTIQUE, *entrant.* Ces messieurs et ces dames de l'hôtel de Bourgogne se rendent ici pour la répétition de *Mithridate.*

CHAMPMESLÉ. Faites entrer.

(Le domestique sort.)

GASTON, *à lui-même.* Les comédiens?

CHAMPMESLÉ, *l'examinant.* Ah! ah! monsieur le marquis, du trouble, de l'hésitation? déjà?..

GASTON. Vous doutez de moi? vous allez voir.

●●●●●●●●● ●●● ●●● ●●●●●●●●● ●●● ●●● ●●●●●●●●● ●●●

SCENE XII.
LES MÊMES, LES COMÉDIENS.
ENSEMBLE.
Air *final du premier acte de Chut.* (Gymnase.)
LES COMÉDIENS.
Nous voici,
C'est ici
Qu'aujourd'hui
Champmeslé nous attend
Pour un soin important :
Un pareil rendez-vous
Ferait bien des jaloux,
Mais notre art enchanteur
Nous vaut seul ce bonheur.

CHAMPMESLÉ.
Les voici,
C'est ici
Qu'aujourd'hui
Ma nièce les attend
Pour un soin important :
Un pareil rendez-vous
Ferait bien des jaloux ;
Mais notre art enchanteur
Leur vaut seul cet honneur.

GASTON.
Les voici,
C'est ici
Qu'aujourd'hui,
Dans l'espoir qui m'attend,
Je ferai le serment
De porter devant tous
Le nom de son époux,
Et, fidèle à l'honneur,
D'assurer son bonheur.

GASTON. Un mot, messieurs!

J'invoque votre témoignage!
Devant vous, ici je m'engage,
A la femme qui sans partage
Règnera toujours sur mon cœur.

ENSEMBLE.

LES COMÉDIENS.
Qu'est ceci?
Nous voici
Aujourd'hui
Les témoins du serment
Que va faire un amant!
Des transports aussi doux
Sont fréquens parmi nous :
Quelle actrice à son cœur
Promet donc le bonheur?

CHAMPMESLÉ.
Bien, ceci!
Les voici
Aujourd'hui
Les témoins du serment
Que va faire un amant :
Puisqu'il veut devant tous
Se nommer son époux,
Ce n'est point un trompeur,
Il fera son bonheur.

GASTON.
Vous voici!
C'est ici
Qu'aujourd'hui,
Dans l'espoir qui m'attend,
Je ferai le serment
De porter devant tous
Le nom de son époux,
Et, fidèle à l'honneur,
D'assurer son bonheur.

(*La Champmeslé paraît à la fenêtre du cabinet ; elle n'est vue que du public ; elle écoute ce qui se passe sur la scène, et, par ses gestes, témoigne la part qu'elle prend à ce qui se dit.*)

GASTON.

C'est la Champmeslé même,
Oui, c'est elle que j'aime,
Je mets mon bien suprême
A recevoir sa main :
Qu'elle accepte, et je jure,
Bravant un vain murmure,
Aujourd'hui de conclure
Le plus heureux hymen.

ENSEMBLE.

LES COMÉDIENS.

Qu'est ceci ?
Nous voici
Aujourd'hui
Les témoins du serment
Que prononce un amant!
Un marquis son époux !
Quel plaisir pour nous tous !
Champmeslé, ton bonheur
Est pour nous un honneur.

CHAMPMESLÉ.

Bien , ceci !
Les voici
Aujourd'hui
Les témoins du serment
Que prononce un amant :
Puisqu'il veut devant tous
Se nommer son époux ,

Ce n'est point un trompeur,
Il fera son bonheur.

GASTON.

Mon destin est rempli !
Aujourd'hui,
Dans l'espoir qui m'attend ,
J'ai donc fait le serment
De porter devant tous
Le nom de son époux ;
Et , fidèle à l'honneur,
D'assurer son bonheur.

(*Sur la ritournelle, Gaston sort par le fond, en faisant signe à Champmeslé d'aller trouver sa nièce. Dès qu'il est sorti, la Champmeslé paraît sur le seuil du cabinet. Tous les comédiens s'inclinent devant elle, en disant :*)

Madame la marquise.

(La toile tombe sur ce tableau.)

ACTE DEUXIÈME.

Le théâtre représente un autre salon chez la Champmeslé. Au fond trois portes , dont deux sur plans coupés.

SCENE PREMIERE.

LA CHAMPMESLÉ.

(Au lever du rideau, elle est à la porte du plan coupé à droite, et supposée parler à des personnes qui viennent de sortir.)

Oui, mes amis , je vous remercie de vos vœux ; mais, soyez en sûrs, quelque parti que je prenne, votre ancienne camarade restera toujours votre amie. (*Elle revient en scène.*) Enfin, me voilà seule ! je puis me remettre, consulter mon cœur sur ce parti auquel je n'ose encore m'arrêter : moi, l'épouse de Gaston !.. moi, qui ce matin, allais peut-être accepter son amour, j'hésiterais à accepter son nom et sa main, à être heureuse, en punissant le persécuteur de ma famille , dont le châtiment a déjà commencé ; car il a l'a reçue, cette lettre qui détruit ses orgueilleux projets!.. Oui, oui !.. plus d'incertitude !.. vengeons-nous !.. mais si cette vengeance devait retomber sur Gaston ?.. si ce que la passion lui conseille aujourd'hui devenait pour lui , plus tard, une source de regrets, de repentir ?.. et pour moi...

AIR *nouveau*, de M. de Flotteuax.

Beaux jours de gloire
Et de succès,
De ma mémoire
Sortirez-vous jamais ?
Dans ma chère indépendance
Je trouvais tous mes plaisirs.
Une plus noble existence
Peut me coûter des soupirs.
Beaux jours de gloire

Et de succès,
De ma mémoire,
Sortirez-vous jamais ?
Pourtant Gaston a sur mon ame
Par sa tendresse un droit si doux !
Oui, dans les transports de sa flamme,
Il veut devenir mon époux;
Car j'étais là quand sa voix tendre
Me jurait d'éternels amours.
Je l'écoutais quand il a dit : Pour toujours,
Pour toujours,
Pour toujours , toujours.
Ah ! puis-je à présent me défendre
De répondre à ses vœux : oui, toujours, toujours ,
A toi mon cœur et mes amours.

SCENE II.

LA CHAMPMESLÉ, CHAMPMESLÉ,

entrant par la porte du fond à gauche.

CHAMPMESLÉ. Eh bien , ma chère ?
LA CHAMPMESLÉ. Eh bien, mon ami ?
CHAMPMESLÉ. Il est là, dans le jardin... il me presse, il me supplie... il attend votre réponse... quelle est-elle ?
LA CHAMPMESLÉ. Je ne sais.
CHAMPMESLÉ. Vous ne savez ?
LA CHAMPMESLÉ. Hélas! non !
CHAMPMESLÉ , *à part.* Ah ! mon Dieu!.. est-ce que par hasard elle aurait changé de sentiment en une heure ?.. dam , les femmes!.. il y a des exemples... (*Haut.*) Vous ne l'aimez peut-être plus ? hein ?
LA CHAMPMESLÉ. Plus que jamais.
CHAMPMESLÉ , *à part.* Ah ! diable ?....
(*Haut.*) Eh bien ! alors, finissez-en une bonne fois, et ne laissez pas comme ça

dans des agitations perpétuelles un pauvre amant... (*A part*.) Et même deux !

LA CHAMPMESLÉ. Ah ! si j'osais !..

CHAMPMESLÉ. Je vois ce que c'est : vous craignez pour vous...

LA CHAMPMESLÉ. Non !.. pour lui.

CHAMPMESLÉ. Par exemple !.. voilà une crainte à laquelle je ne conçois rien.

SCENE III.

LES MÊMES, UN DOMESTIQUE, *entrant par la porte du plan coupé à droite.*

LE DOMESTIQUE. Monsieur le président Desmares demande à parler à mademoiselle Champmeslé.

LA CHAMPMESLÉ. Lui !..

CHAMPMESLÉ. Le président !

LA CHAMPMESLÉ. Que faire ?

CHAMPMESLÉ. Le grand-père et le petit-fils dans la balance !.. lequel des deux sera reçu le premier ?

LA CHAMPMESLÉ, *prenant une résolution.* Tous deux ensemble.

CHAMPMESLÉ. Bah !..

LA CHAMPMESLÉ. Allez, mon ami, allez, dites à Gaston de monter sur-le-champ, mais rien de plus.

CHAMPMESLÉ. Quel est son dessein ?

LA CHAMPMESLÉ. Allez donc !

(Champmeslé, faisant des gestes d'incertitude, sort par la porte du plan à gauche.)

SCENE IV.

LA CHAMPMESLÉ, LE DOMESTIQUE.

LA CHAMPMESLÉ. Faites entrer monsieur le président. (*Le domestique sort par la porte du plan coupé à droite.*) Oui, cette épreuve... Gaston, il me la faut... pour moi... pour toi-même... Je connaîtrai du moins la force de ta résolution !.. les voici ! allons et prêtons bien l'oreille !..

(Elle sort par la porte du fond au milieu.)

SCENE V.

DESMARES, *entrant par la porte du plan coupé à droite*, GASTON, *entrant par la porte du plan coupé à gauche.*

GASTON, *entrant vivement.* Ah ! chère Marie !.. ciel! mon aïeul!!..

DESMARES, *une lettre à la main.* Quoi?.. c'est vous !

GASTON. Monsieur !..

DESMARES. Je vous trouve à propos !... cette lettre, qu'on m'a remise, il y a peu d'instans, c'est bien vous qui avez osé l'écrire ?

GASTON. C'est moi.

DESMARES. Et elle est l'expression de vos projets ?

GASTON. Oui, monsieur.

DESMARES. Ainsi, plus de pudeur, plus de retenue désormais. Vous ne craignez pas de m'annoncer qu'il faut que je manque à ma parole ?

GASTON. Jamais je n'ai donné la mienne.

DESMARES. Monsieur !..

GASTON. Daignez me pardonner !... Je vous respecte, je vous honore, il m'est cruel de vous affliger, mais vous dois-je le sacrifice de mon bonheur ?

DESMARES. Votre bonheur !..

GASTON. Il est auprès d'elle !.. Oh ! qui pourrait la voir et ne pas l'adorer? Vous ne la connaissez pas, monsieur?... Est-il une grande idée ou un noble sentiment qui n'ait un écho dans son esprit et dans son ame? Amour de la gloire, pitié, vertu, dévouement, tout revit et s'anime dans ses traits, dans son regard, dans le moindre de ses gestes! Image mobile de tout ce qu'il y a de pur et d'élevé dans le cœur des femmes, elle sait tout peindre, comme elle sait tout éprouver!.. et pouvoir se dire : Ces élans passionnés, qui s'échappent de son ame, c'est-à moi qu'elle les adresse! Ces hommages, qui la poursuivent et l'assiégent, elle me les sacrifie ! Cette gloire, qui l'environne, elle l'immole à mon bonheur !.. Ah! monsieur, exigez ma vie !.... mais ne me commandez pas de la fuir ou de l'oublier !

DESMARES. Je me suis contenu pour vous écouter avec calme, et vous n'attendez pas, sans doute, que j'oppose à vos folies le langage de la raison : je ne discute point avec un insensé ; mais je sais punir un ingrat.

GASTON. Puisqu'au lieu d'un père je ne trouve en vous qu'un juge inflexible, je vous révélerai tout !.. Vous saurez jusqu'à quel point je suis coupable.

DESMARES. Que voulez-vous dire ?

GASTON. Cet amour que vous condamnez aujourd'hui comme un crime, bientôt peut-être il sera pour moi un devoir, car je l'aurai juré au pied des autels à la marquise de Genevray.

DESMARES. Un mariage !... l'ai-je bien entendu?.. Un mariage !.. Mais non, non! Votre démence ne va pas jusque là ! Vous ne parlez pas sérieusement !.. Mon petit-fils épouser cette femme !

GASTON. Et si cette femme est d'une naissance égale à la vôtre ?

DESMARES. Elle !.. Ah ! une ruse dont vous êtes le complice ou la dupe.

GASTON. Elle est noble, monsieur, je vous le répète, elle est noble.

DESMARES. Cela fût-il vrai, ce serait un titre de plus à ma réprobation !.. De quel droit viendrait-elle se parer aujourd'hui d'une origine qu'elle a reniée ?

GASTON. Et savez-vous s'il y eut de sa faute ? si des malheurs ne l'ont pas réduite à cette condition où elle a trouvé la gloire, qui est aussi une noblesse ?

DESMARES. Oh ! sans doute !.. Ces femmes-là ont toujours des malheurs à raconter !.... un roman est tout prêt qui sert à éblouir les extravagans de votre espèce !.. Eh bien ! je me charge du dénoûment, moi !.. Il est des moyens d'arrêter l'effet de pareilles ruses : j'avais déjà prévu une partie de ce qui arrive ; mes mesures sont prises, et si vous ne me désarmez sur-le-champ par votre docilité ; si vous ne cédez à l'instant même... dans une heure il sera trop tard, je vous en avertis.

GASTON. Trop tard ?.. Qu'entends-je ?.. Des menaces !..

DESMARES. Renoncez - vous à cette femme ?

GASTON. Renoncer à elle !.. l'abandonner !.. quand peut-être elle est exposée aux coups de votre vengeance !.. Ah ! vous ne m'avez pas cru si lâche !..

DESMARES. Ainsi vous résistez à ma voix, vous méconnaissez mon autorité !

GASTON.

AIR : *Un matelot*. (Mme Duchambge.)
Dans vos regards si j'avais vu paraître
Quelque indulgence, un éclair de bonté,
Je l'avoûrai, j'aurais souffert, peut-être,
De ce serment que l'amour a dicté !
Mais aujourd'hui, votre voix implacable
N'y répondit qu'en menaçant ?..
Eh bien, monsieur, il est irrévocable,
Car c'est l'honneur qui le dicte à présent.

DESMARES. Malheureux !..... Bientôt vous apprendrez...

SCÈNE VI.

LES MÊMES, LA CHAMPMESLÉ, *entrant par le fond*.

GASTON, *courant à elle*. La voilà !..

LA CHAMPMESLÉ. Bien, Gaston !.. bien !.. Je vous remercie !.. Maintenant je peux accepter votre offre.

DESMARES. Cette offre, mademoiselle, elle ne s'accomplira pas.

LA CHAMPMESLÉ. Vous croyez, monsieur le président ?

GASTON, *à Desmares*. Regardez-la, monsieur, regardez-la !.. et dites s'il est un délire qu'elle ne fasse comprendre, s'il est des projets qu'elle ne justifie !

DESMARES. Sortez, monsieur. Je désire avoir avec mademoiselle quelques instans d'entretien.

LA CHAMPMESLÉ, *à part*. Ah ! moi aussi je le désire !

GASTON. Moi, la quitter ! la laisser exposée... jamais !

LA CHAMPMESLÉ, *souriant*. Oui, monsieur le marquis, laissez-nous seuls.

GASTON. Si vous saviez...

LA CHAMPMESLÉ. Gaston, sortez, je vous en prie, et, s'il le fallait, je vous l'ordonnerais.

GASTON. Eh bien ! oui, je vous laisse avec lui... Il vous entendra... il sera fléchi, désarmé par vous !..

DESMARES. Moi !

GASTON. Non, monsieur, non !... vous ne lui résisterez pas !..

LA CHAMPMESLÉ, *lui faisant amicalement signe de se retirer*. Gaston !

GASTON. Je me retire... (*A part.*) Ah ! je veillerai et saurai la défendre !

(Il sort par le plan coupé à gauche.)

SCÈNE VII.

LA CHAMPMESLÉ, DESMARES, *chacun d'un côté du théâtre*.

LA CHAMPMESLÉ, *à part*. Il est donc là auprès de moi, malheureux à son tour, celui qui fut sans pitié pour le malheur !

DESMARES, *à part*. Avant de frapper les derniers coups essayons le langage de la persuasion.

LA CHAMPMESLÉ, *à part*. Je pourrai venger sur lui une partie des souffrances de ma pauvre mère !

DESMARES, *la regardant et à part*. Je ne sais pourquoi son regard me fait hésiter !.. c'est une femme !..

LA CHAMPMESLÉ, *le regardant et à part*. Malgré moi, l'aspect de ses cheveux blancs me trouble !.. C'est un vieillard !..

DESMARES, *à part*. L'honneur de ma famille doit être seul écouté !.. (*Haut.*) Mademoiselle...

LA CHAMPMESLÉ, *d'un ton adouci*. Excusez-moi, monsieur !.. Vous avez désiré me parler, et je ne vous ai pas encore offert un siége.

DESMARES. C'est inutile.

LA CHAMPMESLÉ, *avançant un fauteuil.* Je vous en prie, monsieur!.. (*Il s'assied, elle se tient debout, la main appuyée sur le dossier du siége qu'elle a avancé pour elle.*) Et maintenant je vous écoute.

DESMARES. Vous soupçonnez certainement, mademoiselle, l'objet de l'entretien que j'ai réclamé de vous?

LA CHAMPMESLÉ. Peut-être, monsieur.

DESMARES. On dit que vous êtes d'une famille noble.

LA CHAMPMESLÉ. On dit vrai, et je puis le prouver.

DESMARES. Vous ne vous étonnerez donc pas, mademoiselle, si la condition où je vous trouve excite ma surprise.

LA CHAMPMESLÉ. C'est le hasard qui donne la naissance, monsieur; mais souvent c'est l'injustice des hommes qui décide de notre avenir; et j'ai toujours pensé qu'on ne devait rougir que de ce qui est vraiment honteux.

DESMARES. Eh bien! s'il vous reste quelques sentimens dignes de cette naissance dont vous vous vantez...

LA CHAMPMESLÉ. Ma conduite, monsieur, n'a donné à personne le droit de mettre en doute la noblesse de mes sentimens; et c'est la seule noblesse dont il me plaise de me vanter.

DESMARES. C'est donc à ces sentimens que j'en appelle aujourd'hui!.. Je ne vous dirai point ce qui m'amène chez vous, moi le grand-père du marquis de Genevray, car vous le savez!.. Mais j'ose encore espérer que vous ne me condamnerez point à un parti extrême... qui est déjà pris... dont vous avez à peine le temps de suspendre l'exécution...

LA CHAMPMESLÉ, *avec colère.* Quoi donc, monsieur?

DESMARES, *se levant.* Vous m'avez compris, et je n'achèverai pas : vous réfléchirez, mademoiselle, car vous n'ignorez point ce que pourrait la vengeance de deux puissantes familles, trompées dans leurs vœux les plus chers.

LA CHAMPMESLÉ. Des menaces?.. à moi? vous, monsieur.

DESMARES. Prévenez-en l'effet!.. J'ai bien voulu tenter près de vous un effort, ne le rendez pas inutile.... Soyez généreuse... ne fût-ce que pour mon petit-fils... Vous ne le savez peut-être pas? Jamais je ne recule devant ce que je crois un devoir.

LA CHAMPMESLÉ, *amèrement.* Oh ! je le sais, monsieur.

DESMARES. Et s'il persistait dans sa désobéissance, je traiterais l'insensé...

LA CHAMPMESLÉ. Comme vous avez déjà traité un de vos enfans.

DESMARES. Plaît-il?

LA CHAMPMESLÉ. Oui! votre fils!... votre premier-né!... Son histoire m'est connue.

DESMARES. Comment?

LA CHAMPMESLÉ. Je sais quel sort vous lui avez fait.

DESMARES. Vous ?

LA CHAMPMESLÉ. Je sais plus encore, monsieur!.. Quand il mourut malheureux, abandonné par vous, il laissa un enfant.

DESMARES. Qui vous a conté...

LA CHAMPMESLÉ. Je suis bien instruite. Oui, monsieur, vous aviez une petite-fille. Qu'en avez-vous fait?

DESMARES. Que vous importe ?..

LA CHAMPMESLÉ. Qu'est-elle devenue?..

DESMARES. Mais, mademoiselle...

LA CHAMPMESLÉ. Vous l'ignorez, n'est-ce pas ?.. je le sais, moi !..

DESMARES. Est-il possible?

LA CHAMPMESLÉ, *s'animant par degrés.* Tout-à-l'heure, vous me demandiez comment il se faisait que moi, d'une famille noble, je fusse descendue à cette condition qu'il vous plaît de mépriser?.. mais, monsieur, elle est noble aussi, votre petite-fille !.. eh bien, je sais que, repoussée, chassée par vous, elle a erré sans asile et sans ressources dans les rues de cette ville où vous viviez riche et honoré!.. vous l'avez condamnée à tendre la main, monsieur !..

DESMARES. Que dites-vous?

LA CHAMPMESLÉ. Ce que le hasard m'a révélé, et dont vous ne daignâtes pas vous informer alors, vous, son seul appui sur la terre !

DESMARES. Grand Dieu !.. cela serait-il vrai ?

LA CHAMPMESLÉ. C'était une pauvre enfant, faible, sans soutien, sans protecteur, bien innocente des torts que vous reprochiez à ses parens !.. elle venait à vous !.. et vous l'avez fait chasser par vos laquais !.. et pendant que vous, magistrat, vous tonniez, du haut de votre siége, contre les vices et la corruption, vous laissiez en proie à tous les besoins, livrée à tous les périls, votre petite-fille, qui ne parvenait pas toujours à arracher un morceau de pain à la compassion des étrangers.

DESMARES. Assez, mademoiselle !.. assez !..

LA CHAMPMESLÉ. Non, monsieur, non!..

vous m'entendrez jusqu'au bout !.. Elle était noble, votre petite-fille !.. mais la pitié qu'inspire la misère ressemble tant au mépris, qu'on pouvait lui dire alors ce que vous me dites à moi maintenant : « Comment êtes-vous descendue jusque là. » Qu'aurait-elle pu répondre... et sur qui le mépris serait-il retombé ?

DESMARES. Ah !.. par grâce !.. arrêtez !.. je vous en conjure !

LA CHAMPMESLÉ. Vous comprenez donc enfin que ce qu'on nous impute à crime peut quelquefois être le crime d'un autre ?

DESMARES. Il y a dans votre voix, dans votre regard, je ne sais quel empire...

LA CHAMPMESLÉ. Vous croyez ?..

DESMARES. Oui !.. peut-être je fus trop sévère !.. peut-être je devais... mais vous, qui l'avez connue, dites... oh ! dites-le-moi !.. vit-elle encore ?.. où est-elle ?.. je peux réparer... j'ai de l'or !..

LA CHAMPMESLÉ. De l'or !.. Elle n'en voudrait pas !.. elle n'en a plus besoin.

DESMARES. Qu'entends-je ?.. elle vit donc ?.. vous savez ce qu'elle est devenue ?..

LA CHAMPMESLÉ. Ah ! vous vous en inquiétez maintenant ?..

AIR : *Soldat français.* (Julien.)

Votre indulgence était son dernier bien,
Et sans pitié votre orgueil l'abandonne !
Seule ici-bas, elle cherche un soutien,
Et ses regards ne découvrent personne !..
Vous dont le cœur ne s'est pas attendri,
Que voulez-vous que votre enfant espère ?..
Dès le berceau vos rigueurs l'ont flétri !
Car où peut-on rencontrer un abri
Quand se ferment les bras d'un père ?

DESMARES. Ah ! je vous en prie, indiquez-moi le lieu de sa retraite, dites-moi le nom qu'elle porte, et bientôt...

LA CHAMPMESLÉ. Le nom qu'elle porte ?

SCENE VIII.

LA CHAMPMESLÉ, FLIPOTE, DESMARES.

FLIPOTE, *entrant vivement sans voir Desmares.* Ah ! mademoiselle, qu'avez-vous donc fait?.. qu'est-ce qui se passe?

DESMARES, *à part.* Flipote ici !..

FLIPOTE, *à la Champmeslé.* Des exempts sont à la porte ; il en est entré dans la cour.

LA CHAMPMESLÉ. Des exempts !

FLIPOTE. Ils viennent, disent-ils, vous arrêter au nom de M. de Harlay.

LA CHAMPMESLÉ. Ah ! je devine. (*Se tournant vers Desmares.*) Je puis maintenant satisfaire votre curiosité, monsieur.

FLIPOTE, *reconnaissant Desmares et reculant.* Que vois-je ?

LA CHAMPMESLÉ, *à Desmares.* Vous me demandiez quel était le sort de votre petite-fille ?.. je vais vous le dire !.. Après avoir été repoussée, chassée par son seul protecteur, après avoir subi tous les maux qu'entraînent l'isolement et la pauvreté, elle a vu des exempts envahir sa maison, et, pour dernier malheur, elle a été arrêtée par ordre de son grand-père.

DESMARES. Grand Dieu !.. serait-ce possible !..

FLIPOTE, *courant à lui.* Ah ! mon maître, mon cher maître, sauvez-la ! vous le devez !.. c'est votre sang !.. c'est votre fille !..

DESMARES. Ma fille !..

LA CHAMPMESLÉ. Eh bien, monsieur, qu'attendez-vous ?.. je suis prête !.. faites-moi traîner devant le parlement !.... j'y dirai mon nom.

(Un exempt ouvre la porte du plan coupé à droite.)

FLIPOTE. Oh !.. les voilà !..

DESMARES, *courant à cette porte et s'adressant à l'exempt.* Sortez, monsieur !.. sortez !.. vous me reconnaissez ?.. je retire ma plainte !.. éloignez-vous, c'est au nom de M. de Harlay que je vous l'ordonne !..

(L'exempt se retire et la porte se referme.)

FLIPOTE. Ah !... je respire !..

DESMARES, *à part.* Le ciel me devait ce châtiment !.. (*S'avançant vers la Champmeslé.*) Ecoutez !.. c'est mon orgueil qui causa tous vos malheurs !.. c'est lui qui vous jeta dans cette situation fatale !.. que mon orgueil soit puni !..

LA CHAMPMESLÉ. Qu'entends-je ?..

DESMARES. Quittez Paris aujourd'hui même, retirez-vous dans une de mes terres ; mes bienfaits vous y suivront !..

LA CHAMPMESLÉ, *à part.* Ah !.. je comprends !..

DESMARES. Et plus tard vous viendrez dans ma famille !..

LA CHAMPMESLÉ, *d'un ton indécis.* Dans votre famille ?..

DESMARES. Vous aurez abjuré à jamais ce nom emprunté !.. on l'oubliera !.... et vous l'oublierez vous-même.

LA CHAMPMESLÉ. Que dites-vous ?..

DESMARES. Il le faut ! et à ce prix vous pourrez un jour être ma fille.

(Il lui prend la main avec affection.)

LA CHAMPMESLÉ, *hésitant.* Votre fille ?..

SCENE IX.

FLIPOTE, DESMARES, LA CHAMP-MESLÉ, GASTON.

GASTON, *entrant vivement par le plan coupé à gauche*. Qu'ai-je entendu ?..

DESMARES. Gaston ?..

LA CHAMPMESLÉ, *à part*. Que résoudre?.. quel parti prendre ?

GASTON. Ah! je l'avais bien dit que vous ne lui résisteriez pas!..

DESMARES. Hélas, mon fils, le ciel me punit de ces rêves d'orgueil et d'ambition, auxquels j'ai sacrifié tout : il faut que j'y renonce et que je m'humilie, car je dois avouer...

LA CHAMPMESLÉ, *bas à Desmares, comme quelqu'un qui vient de prendre une résolution*. Qu'allez-vous faire ?

DESMARES. Mon devoir!..

SCENE X.

FLIPOTE, DESMARES, CHAMPMESLÉ, LA CHAMPMESLÉ, GASTON.

CHAMPMESLÉ, *un papier à la main, entrant par le plan coupé de droite*. Sauvée!.. elle est sauvée!..

LA CHAMPMESLÉ. Comment?..

CHAMPMESLÉ. Oui, ma chère amie, plus d'exempts, plus d'arrestation à craindre.

LA CHAMPMESLÉ, *souriant*. N'est-ce que cela ?

CHAMPMESLÉ. Que cela?.. quand monsieur voulait vous faire mettre entre quatre murailles ?..

FLIPOTE, *à demi-voix*. Ah!.. monsieur le président!..

CHAMPMESLÉ. Heureusement monsieur le marquis était accouru m'avertir ; moi, j'ai couru chez Racine, qui n'a pas perdu un instant; car qui aurait joué Monime, s'il vous plaît?.. Racine a couru chez le prince de Condé ; le prince de Condé a fait courir chez monsieur de Harlay... Si bien que de course en course nous avons obtenu un ordre en bonne forme qui révoque l'arrestation ; le voilà! ah! ah! monsieur le président, vous ne vous attendiez pas à cela?.. Tudieu! comme vous y allez !

Air *de Julie ou le pot de fleurs.*

Par quels exploits votre colère éclate!
   Mais Racine a dû protéger
   La future de Mithridate,

Qu'à la Bastille on espérait loger :
Monime échappe aux coups de votre haine!
Eh bien! monsieur, visitez-nous le soir,
Et vous aurez le plaisir de la voir
S'étrangler trois fois par semaine.

Voilà, j'espère, un joli dédommagement.

LA CHAMPMESLÉ. Champmeslé, silence !

CHAMPMESLÉ. Laissez-moi donc!.. Je veux que monsieur le président sache que vous êtes libre, parfaitement libre, et que vous pouvez, si bon vous semble, épouser M. le marquis de Genevray, son petit-fils... quoique ce ne soit pas là ce qui me charme le plus.

GASTON. Vous l'entendez, Marie?.. Rien ne peut s'opposer maintenant au plus ardent de mes vœux.

LA CHAMPMESLÉ. Non, rien !.. si ce n'est moi !

GASTON. Qu'entends-je ?

DESMARES, *à part*. Que dit-elle ?

GASTON. Quoi! lorsque mon aïeul lui-même vous nomme sa fille!.. quand je peux vous donner mon nom!..

LA CHAMPMESLÉ. C'est moi qui le refuse.

GASTON. Est-il possible?

LA CHAMPMESLÉ, *à part*. Mon Dieu!.. qu'il faut quelquefois de courage pour accomplir un devoir!..

GASTON. Marie!.. je vous en conjure!..

LA CHAMPMESLÉ. Je ne vous rendrais pas heureux, mon ami!.. un instant, j'ai balancé, je l'avoue; mais c'en est fait! mon sort est désormais fixé !.. Une vie obscure et paisible, bornée à de simples devoirs, autrefois peut-être aurait suffi à mon bonheur... maintenant elle ne peut plus être la mienne !.. Il me faut, à moi, ces brûlantes émotions qui, s'élançant de mon ame, vont remuer cette foule attentive à mes moindres accens!.. J'ai besoin de l'éclat de la renommée! L'enivrement et les angoisses des succès me sont nécessaires comme l'air que je respire!.. C'est sur un théâtre que le sort m'a jetée !.... je resterai sur mon théâtre !..

CHAMPMESLÉ. Bravo !..

GASTON. Grand Dieu !..

FLIPOTE, *à part*. Elle y tient !

LA CHAMPMESLÉ, *jetant un regard sur Desmares*. Personne ne rougira de moi!.. car je n'aurai jamais qu'un nom, celui que mes succès ont illustré !..

GASTON. Plus d'espérance !

DESMARES, *bas*. Ah!.. je comprends votre dévouement!

LA CHAMPMESLÉ, *à Desmares*. Adieu, monsieur!.. je ne vous reverrai jamais... Il y a trop de distance entre nous !.. mais permettez-moi d'espérer que j'aurai part à votre souvenir !.. je vous ai rendu l'héritier de votre nom.

Air *de Préville et Taconet.*

A vos désirs ses vœux se soumettront,
Il va bientôt vous donner une fille ,
Et ses enfans un jour vous apprendront
Quel bonheur on rencontre au sein d'une famille.
Oui, leur amour charmera vos vieux ans ;
Ils seront fiers de leur noble origine !..
Mais, en bénissant vos enfans,
Daignez parfois songer à l'orpheline.

DESMARES. Oh ! je n'y résiste plus !.... Marie... ma...

LA CHAMPMESLÉ , *l'arrêtant et prenant sa main.* Recevez le dernier hommage des respects de la Champmeslé !.. Et maintenant , adieu pour toujours !..

CHAMPMESLÉ , *à part.* Qui diable est-elle ?.. Si elle devient ma femme , elle me le dira peut-être.

FIN.

IMPRIMERIE DE Vᵉ DONDEY-DUPRE , RUE SAINT-LOUIS, Nº 46, AU MARAIS.

www.ingramcontent.com/pod-product-compliance
Lightning Source LLC
LaVergne TN
LVHW051342200726
843510LV00002B/765